Caperucita Roja

por Robert Vitro • Ilustrado por Jeff Mack

MONDO

Caperucita Roja camina por el bosque.

Se despide de su mamá.

¿Adónde va Caperucita Roja?

Va a casa de su abuela con
una canasta de comida.

¿Qué hace Caperucita Roja?
Habla con el lobo feroz.

¡No, no, Caperucita Roja!

El lobo feroz se va corriendo.
¿Adónde va el lobo?

Va a casa de la abuela.

¿Qué hace Caperucita?

Corta flores para su abuela.

El lobo feroz mete a la
abuela en el ropero.

Se pone el vestido de la abuela.

Aquí viene Caperucita Roja.
¡Aquí viene el lobo feroz!
¡Ay, no!

Aquí viene el leñador.
El lobo feroz se va corriendo.

—¡Gracias, leñador! —dice Caperucita Roja.

—¡Sí! —dice la abuela—. ¡Muchas gracias!